Hallwag
Taschenbuch

95
Zoologie

Exotische
Muscheln
und
Schnecken

Josette Arrecgros

Hallwag Verlag
Bern und Stuttgart

Fotos:
Jean-Pierre Schwegler,
Lausanne
Zeichnungen:
Denise Rebmann
Übersetzung
aus dem Französischen
und Bearbeitung:
Jürgen Schwab

© 1970 Editions Payot,
Lausanne
Alle deutschen Rechte
Hallwag AG, Bern
1. Auflage 1972
ISBN 3 444 50085 8

Inhalt

Grundbegriffe der Klassifizierung von Muscheln und Schnecken

Die großen Klassen der Weichtiere

Wie der Name schon sagt, handelt es sich bei den Weichtieren um Tiere mit einem weichen, ungegliederten Körper. Bei vielen Arten (den Schalentieren) ist der Körper von einem **Kalkgehäuse** (Schale) geschützt, das entweder aus einem Stück oder aus zwei Klappen besteht. Das Gehäuse wird von einer Hautfalte, dem Mantel, abgesondert, der es innen ausfüttert.

In diesem Buch zeigen wir nur leere Schalen; man sollte aber nicht vergessen, daß das Gehäuse von einem lebenden Tier bewohnt wird. Wie wir zur Identifizierung von Vögeln nicht nur auf die Federn schauen, so sollten wir, wenn immer möglich, beim Bestimmen von Mollusken immer die Gesamtheit des Körpers betrachten.

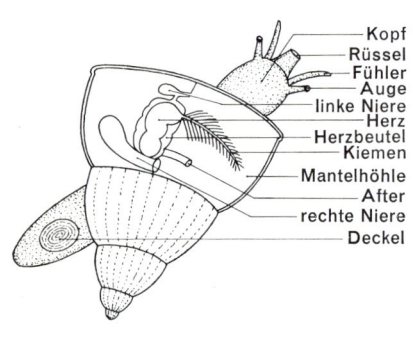

Kopf
Rüssel
Fühler
Auge
linke Niere
Herz
Herzbeutel
Kiemen
Mantelhöhle
After
rechte Niere
Deckel

Abb. 1
Kreiselschnecke. Schema des Körperaufbaus nach Remy Perrier (Die letzte Windung des Gehäuses wird als durchsichtig angenommen)

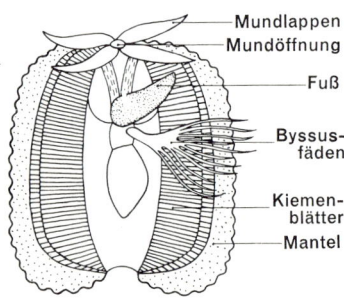

Mundlappen
Mundöffnung

Fuß

Byssus-fäden

Kiemen-blätter

Mantel

Abb. 2
Miesmuschel ohne Schalenklappen, mit ausgebreitetem Mantel und Kiemenblättern

Den weitverzweigten Stamm der Weichtiere teilt man heute in sieben Klassen ein:

Monoplaco-phoren (Ur-Schalen-mollusken)	Schale in einem Stück. Zwischenstufe zwischen den echten Weichtieren und den Anneliden (Ringelwürmern). Beispiel: Gattung Neopilina.	Diese primitiven Mollusken werden in diesem Büchlein nicht behandelt.
Aplacophoren[1] (Wurm-mollusken)	Keine Schale. Wurmförmiger Körper. Beispiel: Gattung Neomenia.	

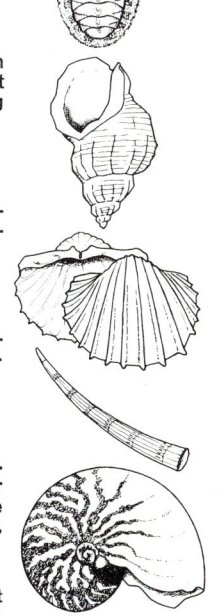

Polyplaco-phoren[1] (Käferschnecken)
Schale besteht aus mehreren Platten. Beispiel: Gattung Chitonia.

Gastropoden (Schnecken)
Schale aus einem einzigen Stück, ohne Scheidewände, oft spiralförmig. Beispiel: Gattung Trochus.

Lamelli-branchiaten (Muscheln)
Schale aus zwei Klappen bestehend. Kiemenblätter. Beispiel: Gattung Mytilus.

Skaphopoden (Grabfüßer)
Schale in Form eines Elefantenzahns. Ausgehöhlter Fuß. Beispiel: Gattung Dentalium.

Kephalopoden (Kopffüßer)
Spiralige Schale mit Scheidewänden oder Innenschale oder schalenlos. Fuß als Fühlerkrone um den Kopf herum ausgebildet. Beispiel: Gattung Nautilus.

[1] Die Aplacophoren und Polyplacophoren werden oft in einer Klasse, den Amphineuren oder Urmollusken, zusammengefaßt.

Abb. 3

Merkmale von Gehäusen

a) Gehäuse der Polyplacophoren

Sie bestehen aus acht Kalkplatten, die quer hintereinander angeordnet sind und leicht übereinandergreifen, so daß sich das Weichtier wie eine Assel kugelförmig zusammenrollen kann.

Die erste und letzte Platte sind halbkreisförmig, die anderen viereckig, mit einer **zentralen Fläche** und zwei **Seitenflächen.** Am Rande bildet die Mantelfalte die **Zone.**

Die Polyplacophoren, hauptsächlich durch die **Chitonen** vertreten, leben wie die Napfschnecken (Patella) an Steinen haftend.

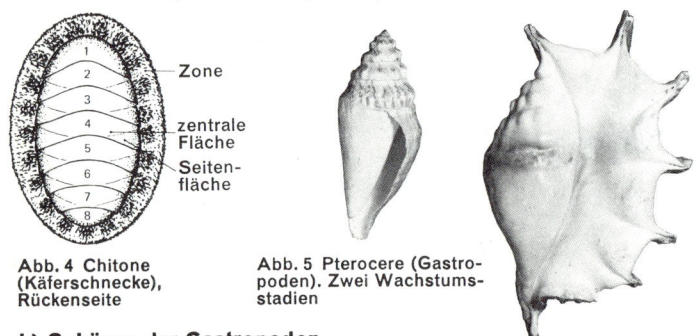

Abb. 4 Chitone (Käferschnecke), Rückenseite

Abb. 5 Pterocere (Gastropoden). Zwei Wachstumsstadien

b) Gehäuse der Gastropoden

Kalkschale **aus einem Stück,** bei frischen Exemplaren zuweilen von einer Außenhaut überzogen.

Verschiedene Formen. Siehe Schemata (Abb. 9).

Wie man ein spiralig gewundenes Gehäuse betrachtet (Abb. 6–8): 1. Gehäuse mit der Spitze nach oben, Mündung gegen sich (Abb. 7). Mündung rechts = rechtsgewundenes Gehäuse (häufigster Fall). Mündung links = linksgewundenes Gehäuse (seltener). 2. Die Anzahl der Windungen ist verschieden. Die Spitze oder der Apex ist die erste Windung, die letzte endet an der runden oder mit einer Rinne für den Atemschlauch versehenen Mündung. 3. Die Achse, um die sich die Windungen legen, heißt die Spindel (Abb. 8). Ist sie hohl, so hat das Gehäuse an der Unterseite eine Öffnung, Nabel genannt. Ist sie gefüllt, nennt man das Gehäuse ungenabelt. An der Mündung unterscheidet man die Lippe (nach außen gewölbt) und den Spindelrand (nach innen gewölbt). 4. Die Windungen der Spirale setzen sich durch eine Furche, die Naht, voneinander ab. 5. Die Wachstumsrillen (allmähliche Vergrößerung der Spirale) parallel zur Lippe. 6. Zeichnung (Rippen, Bänder, Höcker usw.) in Quer- und Längsrichtung. 7. Das Gehäuse ist manchmal durch einen Kalk- oder Horndeckel verschlossen.

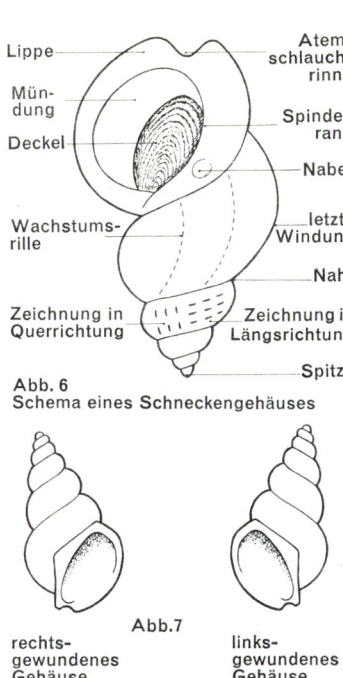

Abb. 6
Schema eines Schneckengehäuses

Labels in figure:
Lippe
Mündung
Deckel
Wachstumsrille
Zeichnung in Querrichtung
Atemschlauchrinne
Spindelrand
Nabel
letzte Windung
Naht
Zeichnung in Längsrichtung
Spitze

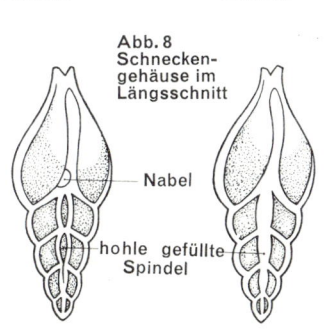

Abb. 7
rechtsgewundenes Gehäuse
linksgewundenes Gehäuse

Abb. 8
Schneckengehäuse im Längsschnitt

Nabel
hohle gefüllte Spindel

Mehr oder weniger gewundenes Rohr. Beispiel: Vermetidae (Wurmschnecken)

Loch

Ausgeweiteter Kegel mit Öffnung an der Spitze. Beispiel: Fissurellidae (Schlitzschnecken)

Ausgeweiteter Kegel ohne Öffnung an der Spitze. Beispiel: Patellidae (Napfschnecken)

Ohrförmiges Gehäuse. Beispiel: Haliotidae (Meerohren)

Mehr oder weniger spiraliges Gehäuse ohne hervorstehende Spitze. Die Mündung nimmt die gesamte Längsseite des Gehäuses ein. Beispiel: Cypraeidae (Porzellanschnecken)

Spiralig gewundenes Gehäuse mit runder Mündung. Beispiel: Trochidae (Kreiselschnecken)

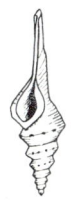

Spiralig gewundenes Gehäuse, Mündung mit Rinne für den Atemschlauch. Beispiel: Fasciolariidae (Spindelschnecken)

Abb. 9. Verschiedene Formen von Schneckengehäusen

7

c) Gehäuse der Lamellibranchiaten

1. Kalkgehäuse, aus zwei Schalenklappen bestehend, der rechten und der linken. Sie können gleichklappig oder ungleichklappig sein (Abb. 10). 2. Die Spitzen der Schalen nennt man Wirbel (Abb. 11), die Öffnung vor dem Wirbel Halbmond, diejenige hinter dem Wirbel Schildchen. 3. Das die beiden Klappen verbindende Stück nennt man Scharnier oder Ligament; es kann sich innen oder außen befinden. 4. Außenseite der Schalen von einer Außenhaut überzogen; Wachstumsrillen konzentrisch vom Wirbel ausgehend; Zeichnung (Rippen, Riefen usw.) konzentrisch oder strahlig. 5. Innenseite der Schalen (Abb. 12). Zähne: Erhöhungen, mit denen beide Schalen ineinandergreifen; unter dem Wirbel die Hauptzähne, etwas davon abgesetzt die Nebenzähne. Nach Zahl und Anordnung der Zähne wird die Art bestimmt. Abdrücke des weichen Tierkörpers: vorderer und hinterer Schließmuskel; Mantellinie, die oft eine Einbuchtung (Mantelbucht) aufweist, wenn das Tier Atemschläuche hatte. 6. Unterscheiden zwischen rechter und linker Schale: dazu fest-

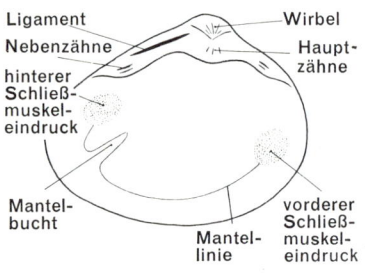

Abb. 10 Linke Schalenklappe einer Muschel, Innenseite

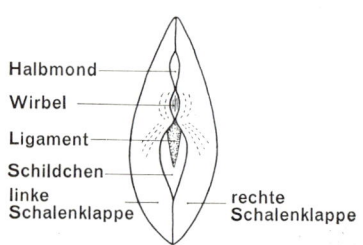

Abb. 11 Muschelschalen, von der Wirbelseite aus gesehen

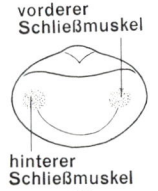

Zwei gleiche Schließmuskeleindrücke, ohne Mantelbucht

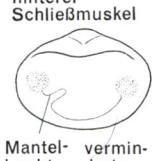

Zwei gleiche (oder nur geringfügig unterschiedliche) Schließmuskeleindrücke, mit Mantelbucht

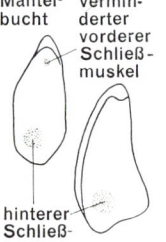

Zwei Schließmuskeleindrücke sehr unterschiedlicher Größe oder sogar nur Abdruck eines Muskels, des hinteren Schließmuskels

Abb. 12 Innenansichten von Muschelschalen

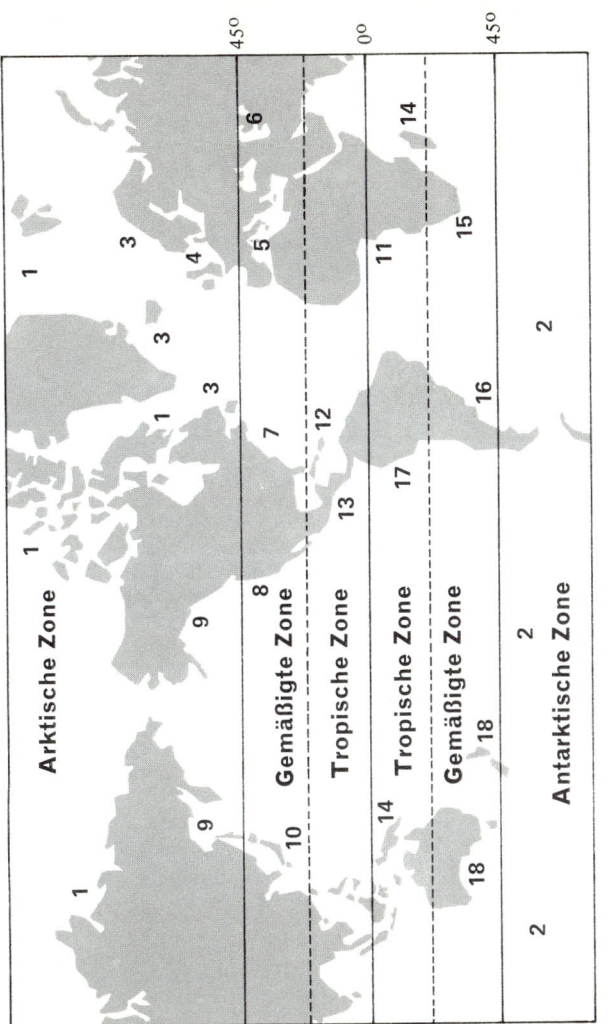

Abb. 16
Die wichtigsten malakologischen Meeresprovinzen (neritische Zone)

11

Hinweise zum Aufbau einer Schnecken- und Muschelsammlung

Das Sammeln

Viele Arten exotischer Schnecken und Muscheln kann man sich im Handel beschaffen. Kaufen Sie frische, nicht mit Säure behandelte Stücke; versuchen Sie, **genaue Angaben über ihre Herkunft** zu bekommen.

Am besten sammelt man sie selbst.

Bei Ebbe an den verschiedensten Stellen, auf dem Sand oder eingegraben (mit einem Spaten ausgraben), an und unter Steinen, zwischen Algen usw. Die Ernte ist auch nachts ertragreich, besonders auf Korallenriffen.

Auch tauchen oder baggern kann man, wichtig ist jedoch immer, daß für jede gefundene Art die ökologischen Angaben (d. h. die über den Fundort) unmittelbar nach dem Fund sorgfältig notiert werden: Beschaffenheit des Meeresbodens, Tiefe, Datum und Uhrzeit des Fundes usw. Die Biologie bestimmter Arten ist noch ziemlich unbekannt; deshalb ist **jede** Beobachtung nützlich.

Das Präparieren

Von den leeren Schalen behalten Sie nur die, die heil geblieben und von den Wellen nicht hin- und hergewälzt worden sind; mit klarem Wasser reinigen, leicht abbürsten.

Schalen mit Tier: Man kann sie in kochendes Wasser geben, läuft dabei aber Gefahr, daß sich die Farben verändern. Will man einwandfreie Stücke haben, erstickt man am besten das Tier, indem man es in abgekochtes und wieder abgekühltes Wasser hineingibt (das Wasser muß 20 Minuten gekocht haben, damit es seinen Sauerstoff verliert).

Schnecken: Schale mit einer Häkelnadel oder einem gebogenen Stück Draht möglichst vollständig entleeren; Deckel aufheben.

Bei den Muscheln: Wenn Sie das Tier herausgenommen haben, halten Sie beide Schalenklappen mit einem Gummiband oder einem Faden zusammen.

Schalen nicht mit Säure reinigen.

Nicht lackieren.

Wenn vorhanden, Außenhaut aufbewahren.

Bestimmung der Arten

Anhand der Farbphotos ab Seite 15.

Bei den selteneren Arten, deren Bestimmung Forschungsarbeit erfordert, vermerken Sie sofort den Fundort auf dem Etikett. Ohne diese Angabe **hat das Stück keinen wissenschaftlichen Wert.**

Aufbewahrung der Stücke

Wichtig ist es, die verschiedenen Arten voneinander zu trennen. Kleine zerbrechliche Arten werden in Glasröhrchen, die anderen einzeln in Schachteln aufbewahrt.

Man kann sie auch auf einen steifen Karton oder eine Glasplatte kleben.

Schneckengehäuse sollte man
wie folgt anordnen:
– ein Exemplar
  mit der Mündung nach vorn
– ein Exemplar
  mit den Windungen nach vorn
– Spitze nach unten
– Mündung nach oben

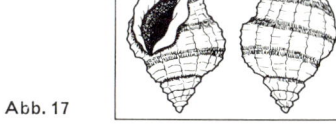

Abb. 17

Muschelschalen wie folgt:
– linke Schalenklappe links
– rechte Schalenklappe rechts
– Wirbel oben
– Mantellinie unten
– eine Schalenklappe mit der
  Außenseite nach vorn
– eine Schalenklappe mit der
  Innenseite nach vorn

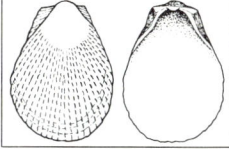

Abb. 18

Ein vollständiges Etikett an-
bringen, mit Angabe der Klasse
und der Familie, der lateinischen
Bezeichnung sowie des For-
schers, der die Art bestimmt
hat, des deutschen Namens und
des Fundorts. Der Namen des
Sammlers und das Datum der
Bestimmung lassen sich als
interessante Angaben hinzu-
fügen.

Abb. 19

Schale bestimmt von Claude Martin

Klasse der Gastropoden
Familie der Strombidae
Strombus luhuanus (L.)
(Rotmund-Strombus)

Zitronenbucht, Noumea
Nähe dem Strand - an Felsen

Datum der Bestimmung 20. August 1969

Für einen Amateur ist es praktisch unmöglich, alle Arten der Welt zu
sammeln. Man wird sich also je nach Geschmack auf diese oder jene
Familie spezialisieren oder die malakologische Fauna einer bestimmten
Region studieren. Der wissenschaftliche Wert einer Sammlung hängt
weder von der Zahl noch vom Seltenheitswert der Arten ab, sondern im
wesentlichen von der Genauigkeit der Angaben, die über sie zusammen-
getragen worden sind.
Das Studium der Varianten innerhalb ein und derselben Art sowie der
jeden Art eigentümlichen Ökologie ermöglicht auch die Zusammen-
stellung von «Ökologischen Sammlungen», wie sie E. Fischer-Piette
nennt (Journal de conchyliologie, Bd. CVII, Nr. 2, 30. 9. 1968).

Polyplacophoren

Die bekanntesten sind die **Käferschnecken**, auch **Chitonen** genannt. In großer Zahl sind sie in allen Meeren in Küstennähe zu finden, wo sie an Felsen haftend leben. Wie die Asseln können sie sich kugelförmig zusammenrollen. Größe zwischen 1 und 20 cm.

1 Westindische Käferschnecke, Chiton tuberculatus (L.). 5 cm. Graugrün in den seitlichen Zonen. Karibische See und Westindien.

2 Marmorierte Käferschnecke, Chiton marmoratus (Gmelin). 3 bis 10 cm. Glatte Platten; dunkelbraun. Karibische See.

Gastropoden

Familie der Wurmschnecken (Vermetidae)

Röhrenförmiges Gehäuse; die ersten Windungen können bei Jungtieren spiralig sein, die übrigen sind unregelmäßig. Küstentiere, die häufig an Felsen oder alten Schnecken- und Muschelgehäusen haften.

3 Stumpfe Wurmschnecke, Vermetus obtusa (Schmch.). Bei dem abgebildeten Stück sind die ersten Spiralwindungen gut zu erkennen.

Familie der Schlitzschnecken (Fissurellidae)

Kegelförmiges Gehäuse, das an der Spitze mit einem Loch oder einem länglichen Spalt versehen ist. Sie leben auf oder unter Steinen. Von ihnen sind etwa hundert Arten bekannt.

4 Knotige Schlitzschnecke, Fissurella nodosa (Born.). 2 bis 4 cm. Eine Art mit knotigen Strahlenrippen. Karibische See und Westindien.

5 Listers Schlitzschnecke, Diodora listeri (Orbigny). 2 bis 3 cm. Weiß, gitterartig gezeichnet, starke und feine Strahlenrippen werden von breiten konzentrischen Rillen gekreuzt. Karibische See.

Familie der Napfschnecken (Patellidae)

Gehäuse in Form eines abgeflachten Kegels, dessen Oberfläche nicht durchbrochen ist; ohne Kalkplättchen an der Innenseite. Die Napfschnecken haften an Steinen. Da ihr Fuß einen Saugnapf bildet, kann die Schale haften. Sie können also bei Ebbe oberhalb des Wasserstandes bleiben, ohne auszutrocknen.

6 Schildkrötenpanzer, Cellana testudinaria (L.). Schöne Art von 5 bis 7 cm Durchmesser, deren Schale einem Schildkrötenpanzer ähnelt. Innen silbrig. Japan, Indopazifik.

7 Südafrikanische Napfschnecke, Patella granatina (L.). 7 bis 9 cm. Stark gekerbter Rand; porzellanartiges Inneres mit einem dunkelbraunen Fleck, als Abdruck des Weichtierkörpers. Südafrika.

8 Seidige Napfschnecke, Cellana tramoserica (Sow.). 4 bis 5 cm Durchmesser. Schöne Art mit feinen Strahlrippen, abwechselnd braun und rotorange. Innenseite seidig glänzend. Südliches Australien.

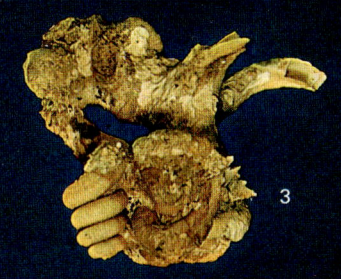

3

1

2

15

16

6

7

9

8

5

4

12

14   13

11

10

9 Langrippige Napfschnecke, Acmaea longicosta (Lamarck). Durchmesser 7 cm. An ihrem unregelmäßigen, sternförmigen Profil zu erkennen. Südafrika.

Familie der Kappenschnecken (Capulidae)

Gehäuse in Form einer Jakobinermütze mit einer charakteristischen Kalkplatte im Innern. Die zahlreichen Arten der Kalyptreen und Krepidulen leben, wie die Napfschnecken, im flachen Wasser, an Felsen oder Muscheln.

10 Dragonerkappe, Cheilea equestris (L.). 2,5 cm Durchmesser. Weiß, mit feinen unregelmäßigen Rillen. Form eines Pferdehufes. Karibische See.

Familie der Randschnecken (Marginellidae)

Glattes, glänzendes Gehäuse, dessen Größe zwischen wenigen Millimetern und 7 cm schwankt und die an der Spindel charakteristischen schrägen Falten aufweist.
Man kennt etwa 300 Arten von Randschnecken, die auf sandigem oder felsigem Grund leben.

11 Pflaumen-Randschnecke, Marginella prunum (Gm.). 3 cm. Cremefarben; vier ausgeprägte Spindelfalten. Westindien.

Familie der Blasenschnecken (Bullidae)

Gehäuse oft kugelig, in Form einer «Blase»; zerbrechlich und glatt, teilweise vom Mantelumschlag des Tieres überdeckt.

12 Große Blasenschnecke, Bulla ampulla (L.). 5 cm. Kugelig. Innen weiß; außen geflammte braune Flecken auf marmoriertem hellbraunem Grund. Indopazifik.

13 Schöngebänderte Blasenschnecke. Aplustrum amplustre (L.). 2 bis 4 cm. Schale mit abwechselnd dunkelbraunen und orangeroten Bändern gezeichnet. Indopazifik.

14 Meeresrose, Hydatina physis (L.). 2 bis 5 cm. Sehr zerbrechlich; mit feinen schwarzen Längslinien gezeichnet. Indopazifik.

Familie der Meerohren (Haliotidae)

Gehäuse spiralig, ohrmuschelförmig. Innen perlmuttern und mit einer Saumreihe kleiner Löcher versehen. Sie leben unter Steinen. Bekannt sind etwa 75 Arten.

15 Schönes Seeohr, Haliotis pulcherrima (Gm.). 2 bis 4 cm. Kleine Art mit orangefarbenen Knötchen. Pazifik.

16 Eselsohr, Haliotis asinina (L.). 7 bis 10 cm. Länglich und bräunlich wie ein Eselsohr. Pazifik.

17 Rotes Seeohr, Haliotis rufescens (Swainson). 20 bis 30 cm. Das prachtvollste aller Meerohren. Das Tier wird unter dem Namen **Abalone** verzehrt. Die Perlmutterschicht wird in der Schmuckbranche oder zur Herstellung von Knöpfen verwendet. Kalifornien.

17

Familie der Porzellanschnecken (Cypraeidae)

Die Gehäuse dieser umfangreichen Familie (mehrere hundert Arten), umgangssprachlich «Porzellane» genannt, sind an ihrer länglich-ovalen Form zu erkennen. Bei erwachsenen Tieren ist die Rille nicht zu erkennen, weil sich die Windungen gegenseitig überdecken. Die Mündung, lang und schmal, weist auf beiden Seiten eine Zahnreihe auf; Zahl und Aussehen der Zähne müssen zur Bestimmung der verschiedenen Arten genau beobachtet werden. Auf der gewölbten Rückseite der Porzellane findet man immer eine farbige Linie, die Spur der beiden Ränder des Mantels, der das Gehäuse umhüllt. Bei den Porzellanen wird das Gehäuse aus der Innenseite des Mantels abgesondert.

Die Porzellanschnecken leben hauptsächlich in den warmen Meeren. Ihre Gehäuse, glänzend und farbenreich, zählen zusammen mit den Schalen der Kegel- und der Walzenschnecken zu denen, die bei den Sammlern am meisten Beachtung finden. Einige seltene oder sehr seltene Arten sind sehr teuer: **Cypraea aurantium, valentia, guttata, leucodon, broderipii.** Hier haben wir die Porzellanarten ausgewählt, die dem Sammler am häufigsten angeboten werden.

Große Porzellane (größer als 5 cm)

18 Tigerporzellane, Cypraea tigris (L.). Eines der bekanntesten Gehäuse. Die Färbung ist sehr unterschiedlich. Oberseite: braune, fahlrote oder graue Flecken auf weißem oder gelbem Grund; Unterseite: immer weiß. Indopazifik.

19 Großer Schlangenkopf, Mauritia mauritiana (L.). Rücken stark gewölbt, mit hellen Flecken auf braunem Grund. Ränder und Unterseite braun. Indopazifik.

20 Fuchsporzellane, Ponda carneola (Jousseaume). Hellorange mit 4 oder 5 mehr oder weniger dunklen Querbändern. Die Zähne sind violett. Ihre Größe schwankt zwischen 2,5 cm (20 b und 20 c auf Seite 21) und 8 cm (20 a auf Seite 19). Bei den großen Exemplaren muß, besonders wenn die Querbänder verwischt sind, die Verwechslung mit der überaus seltenen **Cypraea aurantium,** die orangefarbene Zähne und eine rein-weiße Unterseite hat, vermieden werden. Indopazifik und Japan.

21 Landkartenporzellane, Leporicypraea mappa (L.). Rückenzeichnung erinnert an eine Landkarte; gewundenes Rückenband. Indopazifik.

22 Argusporzellane oder Hundert Argusaugen, Arestorides argus (L.). Zahlreiche geäugte Flecken haben dieser Art ihren Namen gegeben. (Nach der Sage war Argus ein Prinz von Argos, der hundert Augen hatte, von denen fünfzig immer geöffnet waren.) Indopazifik.

23 Schildkrötenporzellane, Chelycypraea testudinaria (L.). Das Gehäuse mit seinen großen Flecken wirkt wie Schildpatt. Indopazifik.

24 Arabiaporzellane, Arabica arabica (L.). Sehr verschiedenartige Zeichnungen mit braunen hieroglyphischen Zeichen auf graublauem Grund. Rand dunkel gefleckt. Unterseite cremefarben. Zähne braun. Indopazifik.

25 Netzporzellane, Arabica maculifera (Schilder). Der vorigen Art ähnlich, aber mit einem die blaugrauen Flecken begrenzenden braunen Netz. Unterseite grau. Indopazifik.

26 Schwarze Rose, Cypraea eglantina niger (Roberts). Dunkelbraun mit heller Rückenlinie. Unterseite und Spitzen cremefarben. Neukaledonien.

27 Maulwurfporzellane, Talparia talpa (L.). Längliche Form mit braunen Bändern auf cremefarbenem Grund. Ränder und Unterseite schokoladenbraun. Indopazifik.

28 Damhirschporzellane, Mystaponda vitellus (L.). Kugelig, mit weißen Flecken auf beigefarbenem Grund. Indopazifik.

29 Zebraporzellane, Macrocypraea zebra (L.). Längliche Form, dunkle Färbung mit zahlreichen graublauen Flecken. Bläuliche Rückenlinie; sehr verwischte braune Querbänder. Florida und westliches Indien.

30 Genabelte Porzellane, Umbilia hesitata (Iredale). Zu erkennen an einer Vertiefung bzw. einem sehr tiefen Nabel. Cremig-braun, mit verwischten dunkleren Tupfen gesprenkelt. Australien.

31 Hühnerei, Amphiperas ovum (L.). Glatt, weiß, glänzend; sieht wie Porzellan aus. Innen dunkelorange.

32 Weberspule, Volva volva (L.). In der Mitte bauchiges Gehäuse, dessen Spitzen durch zwei sich verjüngende orangerosa Kanäle verlängert werden. Indopazifik.

Mittlere Porzellane (zwischen 5 und 1 cm)

33 Ventrikel-Porzellane, Ponda ventriculus (Lamarck). Dickes, festes Gehäuse. Die Ränder sind nußbraun, fein gerillt; die Mitte ist hell und weist verwischte orangefarbene Bänder auf. Unterseite hellbeige. Indopazifik.

34 Onyxporzellane, Adusta onyx (L.). Birnenförmiges Gehäuse. Unterseite und Ränder braun. Rücken in der Mitte bläulich oder braun, mit einer weißen Linie bei der hier abgebildeten Variante aus Melanesien. Indopazifik.

35 Luchsporzellane, Lyncina lynx (L.). Auf fahlbraunem Grund zahlreiche blasse Fleckchen mit vereinzelten größeren und dunkleren Flecken. Zähne mit roten Zwischenräumen. Indopazifik.

36 Kleiner Schlangenkopf, Ravitrona caputserpentis (L.). Leicht zu erkennen an den hellen Flecken, die an Kopfschuppen von Schlangen erinnern, sowie an den breiten dunkelbraunen Rändern. Wird von den Eingeborenen zum Schmücken ihrer Trachten verwendet. Indopazifik.

37 Schilders Porzellane, Ponda schilderorum (Iredale) – Cypraea arenosa (Gray). Den Fuchsporzellanen sehr ähnlich (Nr. 20), aber bauchiger. Unterseite und Zähne weiß.

38 Weißaugenporzellane, Erosaria erosa (L.). Abgeflachtes Gehäuse mit ausgeprägten Seitenwulsten, die jeweils mit einem charakteristischen großen dunklen Fleck gezeichnet sind. Weiße Unterseite.

39 Honigporzellane, Ravitrona helvola (L.). Oben braun, mit weißen Pünktchen. Unten honiggelb. Spitzen violett. Indopazifik.

40 Annettenporzellane, Zonaria Annettae (Dall.). Kleine Art, hübsch gezeichnet mit einem braunen Netz auf graublauem Grund. Ränder dunkelbraun. Unterseite fahlbraun. Kalifornien.

41 Isabellenporzellane, Basilitrona Isabella (L.). Zylindrische Form, länglich, beige oder gräulich, gezeichnet mit feinen schwarzen gepunkteten Längslinien. Spitzen rotorange. Unterseite weiß. Indopazifik.

42 Dunkle Porzellane, Arabica scurra (Gmelin). Zylindrisch wie die Isabellenporzellane. Auf dem Rücken mit einem feinen braunen Netz auf blaugrauem Grund gezeichnet. Gefleckter Rand. Indopazifik.

43 Flamingozunge, Cyphoma gibbosum (L.). Gelborange, mit einem charakteristischen Mittelwulst. Tropenzonen Amerikas.

44 Siebkauri, Cribaria cribaria (L.). Sofort zu erkennen an den weißen Rückenflecken, die ihr das Aussehen eines Siebes verleihen.

45 Zickzack-Porzellane, Palmadusta ziczac diliculum (Reeve). Mit charakteristischen weißen Zickzacklinien gezeichnet. Ostafrika.

46 Geldkauri, Monetaria moneta (L.). Hübsche kleine dreieckige Art, beulig, gelb oder gräulich, sehr häufig im ganzen Indopazifik. Wurde in Afrika lange Zeit als Geld verwendet. Zur Zeit der Segelschiffahrt haben diese Schnecken den Reichtum mancher Reeder begründet. Sie fuhren zu den Inseln des Pazifiks, tauschten ihren Plunder gegen Säcke voll Kauri ein, fuhren dann nach Afrika, wo sie für die Schalen Elfenbein, Gold, Palmöl oder sogar Sklaven einhandelten. Um ihren Reichtum zur Schau zu stellen, schmückten sich die Häuptlinge der afrikanischen Stämme mit den verschiedenartigsten Gehängen, die aus einer Vielzahl von Kauri zusammengefügt waren.

47 Goldreifkauri, Ornamentaria annulus (L.). Der vorigen Art sehr ähnlich, mit einem goldgelben Kreis auf der Rückenseite.

48 Bei Tahiti lebt eine ähnliche Art: Ornamentaria obvelata oder Ringkauri, deren graublaue Rückenseite eingesunken und ebenfalls von einem feinen Goldkranz umrahmt ist.

Kleine Porzellane (1 cm und kleiner)

49 Eselsporzellane, Evenaria asellus (L.). Elfenbeinweiß mit drei breiten braunen Bändern. Indopazifik.

50 Kichererbsenporzellane, Pustularia cicercula (L.). Honiggelb, mit fahlbraunen Punkten gesprenkelt. Gebogene Spitze. Indopazifik.

51 Kernkauri, Nuclearia nucleus (L.). Zu erkennen an den horizontalen Querlinien, die mit feinen Pusteln besetzt sind und von der Längslinie des Rückens unterbrochen werden. Indopazifik.

52 Punktierte Porzellane, Naria irrorata (Gray). Zylindrische Form, graublau mit braunen Punkten. Polynesien.

Familie der Kreiselschnecken (Trochidae)

Spiraliges Gehäuse in Form eines Kegels mit hornigem Deckel und Perlmutterschicht im Innern. Sehr zahlreich auf Felsen in Küstennähe. Vegetarische Arten.

53 Marmorpyramide, Trochus niloticus (L.). Schönes Gehäuse, 10 cm überschreitend, reich gezeichnet mit rotbraunen Flammen. Von Juwelieren und zur Herstellung von Knöpfen verwendet. Indopazifik.

54 Zahnkreisel, Trochus dentalus (Forsk.). 10 cm große Art, zu erkennen an den Zähnen, die jede Windung entlang der Nahtlinie umgeben.

55 Elsternkreisel, Trochus pica (L.). 7 cm. An den breiten schwarzen Flammen leicht zu erkennen.

56 Stumpfer Kreisel, Monodonta obtusa (Dillwyn). 2 cm. In der Sydney-Bucht häufig. Australien.

Familie der Rundmundschnecken (Turbinidae)

Große Familie (etwa 500 Arten). Die Gehäuse unterscheiden sich von denen der Kreiselschnecken dadurch, daß sie einen **Kalkdeckel** haben.

57 Grüner Turban, Turbo marmoratus (L.). Große Art, die bis zu 20 cm erreichen kann. Zur Herstellung von Knöpfen verwendet. Indopazifik.

58 Gobelin-Turban, Turbo petholatus (L.). 7 cm. Grün, mit brauner Zeichnung. Der Deckel, auch «Katzenauge» genannt, ist hübsch grün und braun getönt und in der Schmuckbranche sehr geschätzt. Indopazifik.

59 Silbermund, Turbo argyrostromus (L.). 7 cm. Zu erkennen an seinen erhabenen Rippen, von denen einige schuppig sind. Silbrig glänzende Mündung. Indopazifik.

60 Gewellter Turban, Turbo ondulata (Solander). 4 cm. Weist gewellte Längsrippen auf, die mit schwarzen Flammen auf grünlichem Grund gezeichnet sind. Sydney-Bucht.

61 Bewehrter Delphin, Angaria delphinus (L.). 5 cm. Abgeflachte Spirale; die letzte Windung ist erweitert. Der breite und tiefe Nabel ist von schuppigen oder stacheligen Rippen bedeckt. Indopazifik.

62 Rosenfarbener Stern, Guilfordia triumphans (Phil.). 7 bis 10 cm. Wunderschöne Art, bei den Sammlern sehr beliebt. Das ziemlich flache Gewinde ist unten mit langen strahlenförmigen Spitzen bewehrt. Japan.

Familie der Perspektiv- oder Sonnenschnecken (Architectonicidae)

63 Edle Sonnenschnecke, Architectonica nobilis (Röding). Kreisförmiges Gehäuse von 3 bis 5 cm Durchmesser. Breiter, tiefer, gekerbter Nabel. Im Sommer am Strand zu finden. Von North Carolina bis zum westlichen Indien.

Familie der Lastträger (Xenophoridae)

64 Bleicher Lastträger, Xenophora pallidula (Reeve). 10 cm. Seltsames Tier, das sich zur Tarnung auf das eigene Gewinde Bruchstücke anderer Gehäuse klebt. Diese Stücke werden so angebracht, daß sie die Bewegungen des Tieres nicht behindern.

Familie der Nixen (Neritidae)

Küstenarten, mit kugeligen Gehäusen, im Meer oder in Flußmündungen lebend.

65 Blutiger Zahn, Nerita peloronta (L.). 5 cm. Gut an seinen zwei oder drei hervorstehenden weißen Zähnen mit den roten Zwischenräumen zu erkennen. Der Deckel ist von einem schönen Dunkelorange. Sehr zahlreich an Felsen in Florida, dem Karibischen Meer und Westindien.

Familie der Strandschnecken (Littorinidae)

Gehäuse mit spitzem Gewinde, wenigen Windungen und runder Mündung.

66 Pagodenschnecke, Tectarius pagodus (L.). Die Form des Gehäuses und die schuppigen Erweiterungen sind einer chinesischen Pagode ähnlich. Verbreitete Art, die wie unsere Strandschnecken auf Felsen, oberhalb des Flutwasserstandes, lebt. Indopazifik.

Familie der Turmschnecken (Turritellidae)

Gehäuse mit spitzturmförmigem Gewinde und großer Mündung.

67 Kielschnecke, Turritella carinifera (Lamarck). 10 cm. Zu erkennen an den mit Längsfurchen versehenen Windungen, wobei die zweite oberhalb der Naht am stärksten hervorragt und so einen ununterbrochenen Kiel um das Gewinde herum bildet. Südafrika.

68 Schraubenschnecke, Turritella terebra (L.). 10 cm. Konvexe Windungen; gleichmäßige Längsfurchen. Indopazifik.

Familie der Mondschnecken (Naticidae)

Kugeliges Gehäuse, glänzend, mit wenigen Windungen; genabelt.

69 Weiße Mondschnecke, Polinices albumen (L.). 3 cm. Gehäuse glänzend, hellorange. Der Nabel ist mit einem großen halbmondförmigen Wulst ausgefüllt. Indopazifik.

70 Zweifarbige Mondschnecke, Polinices didyma (Röding). 3 bis 5 cm. Weiße Unterseite; weißes Band entlang der Nahtlinie; das übrige ist hellbraun. Japan.

71 Weiße Zitze, Polinices piriformis (Recluz). 3 cm. Zu erkennen an dem birnenförmigen Gehäuse, oft in einem reinen Porzellanweiß oder mit ein paar verwischten fahlbraunen Flecken. Dicker Wulst um den Nabel herum. Halbmondförmige Mündung. Indopazifik.

Familie der Wendeltreppen (Scalidae)

Turmförmige Gehäuse mit zahlreichen Windungen und runder Mündung; genabelt.

72 Echte Wendeltreppe, Epitonium scalare (L.). 5 cm. Wunderbares elfenbeinweißes Gehäuse mit breiten, regelmäßigen Querrippen. Diese Art, die man nur im Fernen Osten findet, galt früher als sehr selten und erreichte hohe Preise. Schlaue Chinesen fertigten sogar Imitationen aus Reispaste, die sich schnell im Wasser auflösten. Asien.

Familie der Nadelschnecken (Cerithiidae)

Spiraliges Gehäuse mit vielen Windungen und einer kurzen und gekrümmten Rinne. Etwa 300 Arten. Sie leben im Brackwasser.

73 Knotige Seenadel, Cerithium nodulosum (Brug.). Große Art, 10 cm. Zu erkennen an den mit Knoten versehenen Windungen und an der breiten Mündung mit der nach innen gewölbten Lippe. Indopazifik.

74 Schöner Turm oder Afrikanische Seenadel, Tympanotus radula (L.). 5 cm. Sieht wegen seiner dreieckigen Form und seiner schwarzbraunen Färbung wie die Wurzel eines Rettichs aus. Westafrika.

75 Schnauzennadel, Cerithium vertagus (L.). 5 cm. Weiß, längliche Form, mit leicht gewölbten senkrechten Riefen versehen. Kleine Mündung; dicke linke Lippe. Indopazifik.

Familie der Reusenschnecken (Nassidae)

Gehäuse in Form einer Reuse (konisches Fischernetz). Sehr verbreitet auf sandigem Grund.

76 Warzenreuse, Nassarius papillosus (L.). 4 cm. Längsbänder mit kleinen Warzen besetzt. Indopazifik.

Familie der Helmschnecken (Cassididae)

Helmförmiges Gehäuse, glasiert, bauchig und mit Reihen knotiger Höcker bedeckt. Schlitzmündung.

Große Arten

77 Königshelm, Cassis tuberosa (L.). Kann 20 cm erreichen. Die Färbung in Tuschmanier ist bemerkenswert: Die Spirale ist auf blaugrauem Grund braun geflammt. Die Mündung ist hellrosa, mit unregelmäßigen schokoladenbraunen Flecken, von denen sich die weißen Zähne abheben. Karibische See und Westindien.

78 Feuriger Ofen, Cypraecassis rufa (L.). Eine der bekanntesten Schnecken. Ihr Gehäuse wird in ähnlicher Weise wie Feuerstein-Onyx zur Herstellung von Kameen verwendet. Wie dieser Stein, besteht auch die Schale der Helmschnecken aus mehreren, unterschiedlich gefärbten Schichten, die so geschnitten werden können, daß die hellen Motive erhaben auf rotbraunem Grund stehen. Gewonnen werden sie an den Küsten Madagaskars.

79 Mosaikhelm, Cassis tesselata (Gmelin). An der feinen gitterartigen Zeichnung zwischen den Knotenreihen zu erkennen. Afrika.

Kleinere Arten (5 bis 10 cm)

80 Gestreifter Helm, Phalium strigatum (Gmelin). 8 cm. Zu erkennen an den senkrechten braunen Streifen, die in regelmäßigem Abstand parallel zueinander verlaufen. Indopazifik.

81 Maschenhelm, Phalium areola (L.). 5 cm. Quadratische braune Flecken, regelmäßig auf der Spirale angeordnet. Indopazifik.

82 Geränderter Helm, Casmaria vibex (L.). 5 cm. Die Lippe ist mit einem regelmäßigen, braungefleckten Wulst gerändert. Weitere braune Flecken sind an den Nähten der Windungen zu erkennen. Indopazifik.

Familie der Faßschnecken (Tonnidae)

Dünnwandige Schalen, bauchig, in Form eines Fäßchens.

83 Geflecktes Faß, Tonna maculosa (L.). Große Art mit wenig gefurchten, braungeflechteten Bändern. Indopazifik, Karibische See.

84 Gewöhnliche Feige, Ficus communis (Röd.). 5 bis 10 cm. Längliche, feigenförmige Schale. Südosten der Vereinigten Staaten.

Familie der Hornschnecken (Buccinidae)

Große, 400 Arten umfassende Familie, in den kalten Provinzen und in den Tropengewässern heimisch.

85 Pribiloffs Neptunshorn, Neptunea pribiloffensis (Dall.). 15 cm langes Gehäuse mit vollendetem, schlankem Gewinde, cremefarben und mit feinen Längsbändern gezeichnet. Beringmeer.

86 Japanisches Krüllhorn, Babylonia japonica (Reeve). Eine mit Bändern hübsch gezeichnete Art. Eines der Bänder weist jeweils halbmondförmige braune Flecken auf, das andere ist in derselben Farbe punktiert. Japan.

Familie der Tritonshörner (Tritonidae)

Zu dieser Familie zählen die großen Tritonshörner, denen die Eingeborenen die Spitze abbrechen, um sie als Trompete zu verwenden. Es gibt aber auch kleinere Tritonshörner.

87 Großes Tritonshorn, Charonia tritonis (L.). Kann bis zu 40 cm groß werden. Zu erkennen an seinem schlanken Gewinde, das so gefleckt ist, daß es an die Schuppen einer Schlange erinnert. Indopazifik und Karibische See.

88 Geflügelter Triton, Cymatium femorale (L.). 7 bis 15 cm. Lippe und Rippen sehr uneben. Karibische See, Westindien.

89 Gestreifter Lampion, Cymatium pileare (L.). 3 bis 8 cm. Mit samtiger Haut überzogen. Intensiv braune Färbung. Indopazifik.

90 Altes Weib oder Runzliges Weib, Distorsio anus (L.). 3 bis 5 cm. Die letzte Windung ist unregelmäßig und wirkt so, als ob das Gewinde schief wäre. Gitterartige Zeichnung mit feinen Knotenbändern. Die Mündung ist mit einem porzellanweißen höckrigen Rand umgeben, der eine Art Halskrause bildet. Indopazifik.

Familie der Krötenschnecken (Bursidae)

Den Tritonen nah verwandt, umfaßt 60 Arten.

91 Echte Kröte, Bursa bubo (L.). Schöne Art, 12 bis 25 cm groß, an Korallenriffen stark vertreten. Jede Windung ist mit einem Kranz ausgeprägter Höcker versehen. Die Mündung ist mit einem orangebraunen Kreis umrandet. Indopazifik.

92 Schöner Frosch, Biplex perca (Perry). 5 bis 7 cm. Eine wegen ihrer flügelförmigen Auswüchse bemerkenswerte Art. Asien.

Familie der Stachelschnecken (Muricidae)

Große Familie, deren Arten durch Stacheln oder feine blattartige Auswüchse gekennzeichnet sind. Viele leben in Korallenriffen, und ihr weißes Gehäuse gewährt ihnen eine vollkommene Tarnung.

93 Skelettspindel, Murex triremis (Perry). 10 bis 15 cm. Die eindrucksvollste Schnecke und bei den Sammlern außerordentlich wegen der Eleganz ihrer langen gebogenen Stacheln beliebt, die dreireihig auf dem Gewinde und entlang der Rinne angeordnet sind. Sehr nahe Verwandte sind Murex troscheli (Lisch.) und Murex cabriti (Bernardi).

94 Wurzelstachel, Murex radix (Gmelin). 10 cm. Massives Gehäuse mit braunen oder schwarzen gebogenen Stacheln, die sich vom porzellanenen, cremefarbenen Grund abheben. Pazifik und Mittelamerika.

95 Tintenmäulige Stachelschnecke, Murex erythrostomus (Swainson). Wunderschöne, rosa gefärbte Mündung. Pazifik, Mittelamerika·

96 Meereswegweiser, Murex ramosus (L.). Siehe Abbildung vor der Titelseite. Bis zu 30 cm. Eine der schönsten Stachelschnecken und die bekannteste Art; sehr dekorativ. Leicht rosa gefärbte Mündung. Indopazifik.

97 Rosenzweig, Murex palmarosae (Lamarck). 7 bis 10 cm. Mit handförmigen rosa Stacheln. Zu erkennen an der violett gezähnten Lippe sowie an den kleinen Zähnen am unteren Teil der Spindel. Südostasien.

98 Weiße Stachelpagode, Latiaxis japonicus (Dkr.). 5 cm. Weißes, mit schuppigen Längsbändern versehenes Gewinde. Ein Mittelband in den oberen zwei Dritteln jeder Windung trägt längere Schuppen, die auf diese Weise einen elegant gewundenen Kranz bilden.

Familie der Maulbeerschnecken (Thaididae)

Die Schnecken dieser mit den Stachelschnecken verwandten Familie leben an felsigen Küsten. Wie die Stachelschnecken fleischfressend.

Die Purpurschnecken

99 Weitmund, Purpura persica (L.). 7 bis 10 cm. Braunes Gewinde mit feinen weißlichen Längsbändern. Breite, ausladende rosa Mündung. Gestreifter, mit feinen braunen Zähnen gesäumter Außenrand.

100 Peruanischer Lampenschirm, Concholepas peruvianus (Lamarck). Sehr ausgeweitete Mündung. Die Gesamtform der Schale wirkt wie ein Meerohr ohne Lochreihe. Eßbare Schnecke. Chile und Peru.

Die Igelschnecken

Kleine, mit Stacheln bewehrte Gehäuse. Die Mündung ist schmal, ihr äußerer Rand sowie die Spindel sind gezähnelt. Wie die Stachelschnecken leben viele Arten an den Korallenriffen der indopazifischen Provinz.

101 Schwarzer Igel, Drupa morum (Röd.). 3 cm. Violette Mündung.

102 Weißer Igel, Drupa ricinis (L.). 2 bis 3 cm. Mit kurzen Stacheln gespickt.

103 Gelbfingriger Igel, Drupa grossularia (Röd.). 2 bis 3 cm. An den beiden fingerartigen Verlängerungen des Außenrandes zu erkennen.

Die Rapanen

104 Thomasschnecke, Rapana thomasiana (Crosse). Schönes, 8 bis 10 cm großes Gehäuse mit kräftig orangefarbener Mündung. Das Gewinde ist mit feinen gesprenkelten Längsbändern gezeichnet; das Mittelband trägt hervorstehende Knötchen. Die Rinne ist kurz und gekrümmt. Japan.

Familie der Harfenschnecken (Harpidae)

Die Harfen sind wunderschöne, bauchige rehbraune Schnecken ohne Deckel, bemerkenswert wegen ihrer breiten Querbänder, die an die Saiten einer Harfe erinnern. Ihre glänzende, porzellanene Mündung ist schön braun getupft.

105 Große Harfe, Harpa major (Röd.). 8 cm. Die Rippen sind abgeflacht, breit, durch feine, schuppenartige braune Zeichnungen voneinander getrennt. Indopazifik.

106 Edle Harfe, Harpa harpa (L.). Kleiner. Die Rippen sind schwarz gestreift und laufen in einer kurzen Nadel in Höhe der Nahtlinie aus. Mittlerer und östlicher Pazifik.

Familie der Walzenschnecken (Volutidae)

Die Walzen bilden eine Familie von 200 Arten, die bei den Sammlern sehr beliebt sind. Am Unterteil der Spindel tragen sie alle die charakteristischen herausragenden Falten. In der Form variieren sie, je nachdem, ob die letzte Windung mehr oder weniger umhüllend ist. Einige Arten mit nur schwach ausgeprägtem Gewinde sehen fast wie Blasenschnecken aus, andere sind eindeutig spiralförmig.

Walzen mit schwach ausgeprägter Spirale

107 Elefantenwalze, Cymbium cymbium (L.). 20 bis 35 cm. Sehr große Art; fahl orange. Afrika.

108 Neptunsgondel, Cymbium neptuni (Gmelin). 15 cm. An der, gegenüber der vorigen Art, weiteren Mündung sowie dem breiten, den Spindelrand säumenden Wulst zu erkennen. Afrika.

Walzen mit ausgeprägter Spirale

109 Schöne Walze, Voluta pulchra (Sow.). 7 cm. Beachtlich, weil das Gewinde mit einem Kranz kurzer Stacheln versehen und mit einem rosafarbenen, braungeflechten Netz gezeichnet ist. Australien.

110 Kaiserwalze, Aulica imperialis (Sol.). Wunderschöne Art, die bis zu 20 cm groß werden kann. Jede Windung trägt einen dornigen Kamm. Braune hieroglyphische Zeichen. Philippinen.

111 Hofwalze, Aulica aulica (Sol.). Kleiner. Mit einem Kamm wenig hervorstehender Dornen; zart rotorange getönt, mit Flecken in einem intensiveren Rotorange. Philippinen.

112 Blitzwalze, Fulgoraria concinna (Brod.). 15 cm. Längliches hellbraunes Gewinde mit feineren dunkleren Zickzackstreifen gezeichnet. Japan.

113 Elliots Walze, Amoria ellioti (Sow.). 7 cm. Cremefarbener Grund mit feinen braunen Querstreifen. Südliches Australien.

Familie der Flügelschnecken (Strombidae)

Warmwasserarten, bemerkenswert wegen der Stärke der Gehäuse und ihrer Färbung. Der äußere Lippenrand ist gekrümmt.

114 Riesenflügelschnecke, Strombus gigas (L.). Wunderschönes Gehäuse, 20 bis 30 cm groß, mit rosa Mündung. Eine der für Dekorationszwecke gesuchtesten Arten. Karibische See.

115 Ausgeweitete Flügelschnecke, Strombus latissimus (L.).15 cm. Beachtlich die sich nach oben ausweitende Mündung. Seitlich ist sie kielförmig, was sie vom Strombus Goliathus aus Brasilien, dessen Mündung auf der ganzen Länge schmal ist, unterscheidet. Südlicher Pazifik.

116 Hahnflügelschnecke, Strombus gallus (L.). 10 bis 12 cm. An ihrem Sporn am oberen Teil der Lippe leicht zu erkennen. Karibische See.

117 Buchtige Flügelschnecke, Strombus sinuatus (Humphrey). Elegante Art mit buchtiger Lippe. Westlicher Pazifik.

118 Zweihöckerschnecke, Strombus raninus (Gmel.). 5 bis 10 cm. Graubraun; gekrümmte Mündung mit abgerundeter Spitze am Oberteil. Florida.

119 Rote Fechterschnecke, Strombus pugilis (L.). 5 bis 7 cm. Prächtige, intensiv orangefarbene Mündung. Kurze Dornen oberhalb der Nahtlinie. Karibische See.

120 Dianenohr, Strombus aurisdianae (L.). 5 bis 7 cm. Orangefarbene, längliche Mündung. Kurzer Sporn am oberen Teil der Lippe. Die Rinne für den Atemschlauch ist gebogen. Höckrige Längsbänder. Indopazifik.

121 Schleierschnecke, Strombus epidromus (L.). 7 cm. Konvexe, seitliche Mündung. Weiß. Indopazifik.

122 Lohonensische Flügelschnecke, Strombus luhuanus (L.). 5 cm. Länglich-schmale, blutrote Mündung. Pazifik.

123 Höckrige Flügelschnecke, Strombus gibberulus (L.). 5 cm. Schiefes Gewinde; Unterteil des Gehäuses mit charakteristischem «Höcker». Mündung violett. Indopazifik.

Die Pteroceren, wegen ihrer langen, fingerartigen Auswüchse der Lippen auch «Spinnenschnecken» genannt, sind mit den Flügelschnecken verwandt. Man findet sie in der indopazifischen Provinz. Die fingerartigen Auswüchse der Lippe bilden sich erst bei den ausgewachsenen Tieren.

124 Krabbenschnecke oder Kleine Teufelsklaue, Lambis lambis (L.). 10 cm. Häufige Art. Regelmäßige Auswüchse in Fingerform. Mündung orange. Indopazifik.

125 Große Teufelsklaue, Lambis truncata (Humphrey). Kann 30 cm groß werden. Indischer Ozean.

126 Kleiner Bootshaken, Lambis chiragra (L.). 18 cm. Zwei fingerartige Verlängerungen sind nach hinten gerichtet. Mündung rosa.

127 Arthritisschnecke, Lambis arthritica (Röding). Kleinere Art, im Indischen Ozean zu finden. An der Mündung markant braun gestreift.

128 Blauer Skorpion, Lambis scorpio (L.). 7 bis 10 cm. Der sechste, senkrecht abstehende Finger ähnelt dem Hinterleib eines Skorpions.

129 Tausendfüßer-Schnecke, Lambis millepeda (L.). 12 cm. Zahlreiche Finger an der Lippe, daher der Name. Südwestlicher Pazifik.

130 Langschnabel, Tibia fusus (L.). 15 bis 30 cm. Auf den ersten Blick kann man ihn mit einer Spindelschnecke verwechseln, die Lippe weist jedoch die für die Pteroceren kennzeichnende fingerartige Verlängerung auf. Philippinen.

131 Gebogener Langschnabel, Tibia curvirostris (Lam.). 15 bis 20 cm. Verwandte Art mit ‚kurzer, gebogener Rinne. Rotes Meer.

Familie der Kegelschnecken (Conidae)

Große Familie, in den wärmeren Meeren mit etwa 500 Arten vertreten. Nur eine einzige Art in Europa: der Mittelmeerkegel, **Conus mediterraneus** (Brug). Die konischen Gehäuse sind oft von einer filzigen Haut umhüllt, die ihre schönen Farben verdeckt. Größe, Zeichnung sowie die Höhe des Gewindes sind wichtige Bestimmungskriterien.
Diese Arten sind Fleischfresser. Einige sind giftig; sie haben eine Giftdrüse und einen Stachel. Ihr Stich kann gefährlich werden, für den Menschen manchmal tödlich. Von den giftigsten Arten seien der Weberkegel, der Marmorkegel, der Landkartenkegel, der Hofkegel und der Tulpenkegel genannt. Auf keinen Fall Kegelschnecken mit bloßen Händen anfassen!

132 Prometheuskegel, Conus Prometheus (Hwass). Die bis heute größte bekannte Art wird oft größer als 20 cm. Cremefarben mit verwischten gelben Flecken. Westafrika.

133 Birkenkegel, Conus betulinus (L.). 10 bis 15 cm. Verjüngt sich nach unten; gelborange, braun punktiert. Indopazifik.

134 Leopardenkegel, Conus leopardus (Röd.). 10 bis 15 cm. Zu erkennen an den braunen Flecken auf cremefarbenem Grund sowie an den abgestumpften weißen Mündungsspitzen.

135 Tigerkegel, Conus litteratus (L.). Mit sich verjüngender purpurfarbener Spitze. Indopazifik.

136 Kaiserkegel, Conus imperialis (L.). 10 bis 12 cm. Flaches, gezacktes Gewinde; fein punktierte Bänder, die sich von abwechselnd cremefarbenen und braunen Zonen abheben. Indopazifik.

137 Kapitänskegel, Conus capitaneus (L.). 8 cm. In verschiedenen Farben von braun bis gelbgrün. Die Spitze des Gewindes ist mit großen dunklen Flecken gezeichnet. Die letzte Windung trägt ein weißes, braungeflecktes Mittelband; oberhalb und unterhalb dieses Mittelbandes sind fein punktierte braune Linien. Indopazifik.

138 Jungfräulicher Kegel, Conus virgo (L.). 10 cm. Ganz gelblichweiß, bis auf den bräunlichen unteren Teil. Indopazifik.

139 Glückskegel, Conus augur (Hwass). 8 cm. Elfenbeinweiß; feine schwarze Linien; zwei breite Bänder mit hieroglyphischen Zeichen. Afrika.

140 Flaggenkegel, Conus vexillum (Gmelin). 9 cm. An seiner lebhaften braunen Färbung mit der weißen Flammenzeichnung zu erkennen. Indopazifik.

141 Marmorkegel, Conus marmoreus (L.). 5 bis 8 cm. Marmorierte weiße Zeichnung auf schwarzem Fond. Indopazifik.

142 Generalskegel, Conus generalis (L.). 7 cm. Spitzes Gewinde; braun mit drei weißen Bändern, die mit dunklen hieroglyphischen Zeichen versehen sind.

143 Weberkegel oder Das goldene Netz, Conus textile (L.). 7 bis 10 cm. Besonders giftiger Kegel. Sofort erkennbar an der Zeichnung, die wie gewebt aussieht, und den großen gelblichen Flecken, die von einem schuppenartigen Raster begrenzt werden. Hohes Gewinde. Indopazifik.

144 Hofkegel, Conus aulicus (L.). 10 bis 15 cm. Grundfarbe schwarzbraun; mit großen weißen Schuppen. Schlankeres Profil als beim Weberkegel. Indopazifik.

145 Landkartenkegel, Conus geographus (L.). 10 cm. Leichtes Gehäuse, unregelmäßig gezeichnet. Mündung violett. Gewinde von Spitzen umkränzt. Indopazifik.

146 Tulpenkegel, Conus tulipa (L.). 10 cm. Violettrosa, mit diffusen orangefarbenen Flecken. Mündung ausgeweitet. Unterteil rotbraun punktiert. Indopazifik.

147 Gestreifter Kegel, Conus striatus (L.). 5 bis 7 cm. Charakteristische Zeichnung: große braune Flecken, die sich von einem weißen Fond abheben, mit eng aneinanderliegenden Längsbändern gestreift.

148 Soldatenkegel, Conus miles (L.). 5 cm. Breite braune Bänder auf hellem Grund und orangefarbene Flammen. Indopazifik.

149 Elfenbeinkegel, Conus eburneus (L.). 5 cm. Braune Punkte in regelmäßigen Linien. Manchmal gelbe Längsbänder. Indopazifik.

150 Flohkegel, Conus pulicarius (Hwass). Unterscheidet sich von der vorigen Art durch seine unregelmäßige Anordnung der schwarzen Punkte und das ausgezackte Gewinde. Indopazifik.

151 Kronenkegel, Conus regius (Gmelin). 5 cm. An seinen bläulichweißen Bändern auf schwarzbraunem Grund und den deutlich sichtbaren braunen Längsbändern zu erkennen. Florida und Westindien.

152 Rattenkegel, Conus rattus (Hwass). Olivenbraun mit weißen Flammen auf Kegel und Gewinde. Innen violett. Indopazifik.

153 Hebräischer Kegel, Conus ebraeus (L.). Kleine Art von 2 bis 4 cm. An den schwarzen «hebräischen» Zeichen auf weißem Grund zu erkennen. Indopazifik.

154 Mosaik-Kegel, Conus tesselatus (Born.). 2 bis 4 cm. Orangefarbene Flecken in Längsbändern. Spitzes Gewinde. Indopazifik.

155 Gesprenkelter Kegel, Conus arenatus (Hwass). 4 cm. Weiß, mit braunen Punkten und hellbraunen Flecken übersät. Indopazifik.

156 Lithoglyphus-Kegel, Conus lithoglyphus (Lam.). 5 cm. Braunorange, oben und in der Mitte der letzten Windung mit weißen Flecken gezeichnet, die in Stein gehauenen Zeichnungen ähneln. Das Gewinde ist niedrig und braun markiert. Feine, körnige Bänder am Unterteil der letzten Windung. Indopazifik.

Familie der Olivenschnecken (Olividae)

Längliche Gehäuse mit langem, schmalem Spalt; wie die Porzellanschnecken glänzend und in vielen verschiedenen Farben. Charakteristische Spindelfalten.

157 Orangenmund, Oliva sericea (Röding). 5 bis 7 cm. Rote Mündung. Die Färbung schwankt sehr und umfaßt alle Töne vom Dunkelbraun bis zum Elfenbeinweiß.

158 Bedruckte Olive, Oliva sayana (Ravenel). 7 cm. Verschiedene Zeichen auf dem Gewinde. Südosten der Vereinigten Staaten.

159 Schwielige Kahnschnecke, Oliva gibbosa (Röding). 5 cm. Hat eine Schwiele, eine Art Buckel auf dem Gewinde. Indopazifik.

160 Schlanke Olive, Oliva elegans (Lamarck). Kleine Art von 3 cm. Braun, mit weißen Zickzacklinien gezeichnet. Indopazifik.

Familie der Straubschnecken (Mitridae)

Große Familie mit etwa 600 Arten. Die Gehäuse haben die Form einer Mitra und weisen mehrere ausgeprägte Spindelfalten auf.

161 Bischofsmütze, Mitra episcopalis (L.). Wunderschönes Gehäuse, 12 cm groß, mit großen, unregelmäßigen orangefarbenen Flecken auf cremeweißem Grund. Indopazifik.

162 Papst-Mitra, Mitra stictica (Linck). 5 bis 7 cm. Zu erkennen an dem Spitzenkranz in Höhe jeder Windung. Indopazifik.

163 Fuchsmitra, Mitra vulpecula (L.). 5 cm. Braun, weiß gebändert. Indopazifik.

173

171

175

172

174

164 Zweifarbige Mitra, Mitra ambigua (Swainson). 4 cm. Orange, mit cremefarbenem Band. Indopazifik.

Familie der Schraubenschnecken (Terebridae)

Etwa 300 Arten mit schlanken, spitzen Gehäusen in verschiedenen Größen. Sie leben im Sand.

165 Gefleckter Bohrer, Terebra maculata (L.). Die größte Art: 15 bis 25 cm. Hieroglyphische Flecken auf dem Gewinde. Indopazifik.

166 Pfriemen-Schraube, Terebra subulata (L.). 15 cm. Turmförmiges Gehäuse mit zwei braungefleckten Längsbändern. Indopazifik.

167 Fliegenbohrer, Terebra muscaria (Lamarck). Der vorstehenden Art sehr ähnlich, jedoch mit drei gefleckten Bändern. Indopazifik.

168 Gezackte Schraube, Terebra crenulata (L.). 15 cm. Gezackte Spitzen in Höhe jeder Windung. Indopazifik.

169 Halbierte Schraube, Terebra dimidiata (L.). 15 cm. Glatte Windungen; orangefarben, mit weißen Flammen. Indopazifik.

170 Gewellte Schraube. Terebra ondulata (Gray). Kleine Art: 4 bis 5 cm. Hellgelb; gewellte, dunkelbraune Querlinie und weiße Punkte an jeder Windung. Indopazifik.

Familie der Schlitzkreisel-Schnecken (Pleurotomidae)

Vertreten durch Hunderte von Arten verschiedener Größe, die in tiefen Gewässern leben. An der Außenseite der Lippe haben sie einen Schlitz. Einige Arten sind bei den Sammlern sehr begehrt.

171 Wunderkreisel, Thatcheria mirabilis (Sowerby). 10 bis 12 cm. Aufgewickelte, kielförmige Windungen. Bemerkenswerte Art, sehr geschätzt. Japan.

172 Babylonischer Turm, Turris babylonia (L.). 7 cm. Eine Art, die wegen ihrer langen Rinne wie eine Spindelschnecke aussieht, jedoch an dem für die Schlitzkreisel charakteristischen Schlitz am äußeren Lippenrand zu erkennen ist. Indopazifik.

Familie der Birnenschnecken (Xanthidae)

Hauptsächlich durch Arten aus Indien vertreten.

173 Hinduglocke, Xancus angulatus (Sol.). Wunderschönes, 25 cm großes Gehäuse, sehr schwer; wird von den Hindus verehrt. Ihre rosa Mündung ist mit drei breiten Spindelfalten versehen.

Familie der Vasenschnecken (Vasidae)

Arten mit massiven Gehäusen, mit vier oder fünf Falten am Spindelrand.

174 Morgenstern, Vasum turbinellus (L.). Könnte auf den ersten Blick auf Grund seiner Stacheln mit bestimmten Stachelschnecken verwechselt werden, weist aber die für die Familie der Vasenschnecken kennzeichnenden Spindelfalten auf. Indopazifik.

175 Gemeine Atlantik-Vase, Vasum muricatum (L.). 10 cm. Dickere sowie kürzere Stacheln als der Morgenstern. Florida und Westindien.

182

181

179

180

185

177

178

184

176

Familie der Bündelschnecken (Fasciolariidae)

Hauptsächlich durch im Südosten der Vereinigten Staaten lebende Arten vertreten.

176 Großes Bündelhorn, Pleuroploca gigantea (Kiener). Wunderschönes Gehäuse, kann 50 cm erreichen. Mündung gelborange. Braunes, mit Längsbändern gezeichnetes Gewinde. Von den Karolinen bis Mexiko.

177 Tulpenbund, Fasciolaria tulipa (L.). 10 bis 15 cm. Unterschiedlich gefärbt; zu erkennen an den braunpunktierten Längsstreifen, der abgerundeten Mündung und der Rinne. Häufig in Westindien.

Gattung Spindeln

Die Spindeln sind an ihrer langen Rinne zu erkennen.

178 Edle Trompete, Hemifusus tuba (Gmelin). 25 cm großes Gehäuse. Rinne kürzer als bei den anderen Spindeln; gezackter Außenrand. Kielförmige Windungen, mit kurzen Stacheln bewehrt. Mündung rosa.

179 Nikobarenspindel, Fusus nicobarius (Lamarck). 10 cm. Dickes Gehäuse. Braune Flecken auf Gewinde und Rinne; Höcker und Längsbänder. Indopazifik.

180 Breitband-Spindel, Fusus crassiplicatus (Kira). 12 cm. Mit spiraligen, gewellten Bändern und kleinen Höckern. Die Rinne ist länger als bei der Nikobarenspindel. Japan.

181 Karibische Spindel, Latirus unfundibulum (Gmelin). 8 cm. Hellbraun, mit dunklen Längsbändern. Starke Höcker. Gerade Rinne. Karibische See.

Gattung Busycon

Bemerkenswert, weil linksgewunden.

182 Linksgewundene Birkenschnecke, Busycon contrarium (Conrad). 10 bis 40 cm. Kurzes Gewinde; kielförmige Windungen, die letzte ist ausgebaucht. Lange, gerade Rinne. Rötlich geflammt.

Familie der Hörnerschnecken (Melongenidae)

Sie enthält die größte der bekannten Gastropoden, die

183 Australische Rüsselschnecke, Syrinx aruanus (L.). Siehe Schwarzweißphoto auf Seite 48. Sie kann 60 cm erreichen oder sogar noch überschreiten.

184 Bauchige Kronenschnecke, Melongena patula (Brod. und Sow.). 15 cm. An ihrer schokoladenbraunen Farbe und den weißlichen Längsbändern zu erkennen. Sie ist mit einer Reihe kurzer Dornen bewehrt. Rosa Mündung. Mexiko und Panama.

185 Gestreifte Bettdecke, Melongena melongena (L.). Kleiner; hat eine weiße Mündung und drei Reihen Dornen auf der letzten Windung. Karibische See.

183   Australische Rüsselschnecken

Lamellibranchiaten

Familie der Archenmuscheln (Arcidae)
Gleiche Schließmuskeleindrücke; keine Mantelbucht; Zähne in gerader Linie wie bei einem Kamm aufgereiht. Die Schalen sind mit einer bräunlichen, filzigen oder haarigen Außenhaut bedeckt. Etwa hundert Arten.

186 Schöne Arche, Anadara notabilis (L.). Schöne weiße Schale. 4 bis 8 cm. Mit etwa 30 breiten Rippen, die von feinen konzentrischen Faltenlinien gekreuzt werden. Rückenteil in Form eines Flügels. Florida.

187 Gefleckte Arche, Anadara scapha (Reeve). Seiten sehr ungleich geformt. Bauchige Schale. Zahlreiche flache, eng aneinanderliegende Rippen. Innen grünlich. Japan.

188 Alte Arche, Arca senilis (L.). 5 cm. Die Schale sieht abgenutzt aus und ist mit einem Dutzend breiter brauner Rippen versehen, die durch mattweiße Zwischenräume voneinander getrennt sind. Diese Art kommt im Senegal sehr häufig vor, wo sich die Schalenklappen in beachtlichen Mengen an flachen und sandigen Küsten ansammeln. Die kleine Fadiouth-Insel ist ganz und gar aus dieser Muschelart gebildet. Auf dem Friedhof dieses kleinen senegalesischen Dorfes werden die Gräber in die Schalenablagerungen hineingegraben. Westafrika.

Familie der Mondmuscheln (Lucinidae)
Schließmuskeleindrücke gleich; keine Mantelbucht; divergierende Zähne unterhalb des Wirbels; dünne, kreisförmige Schalen.

189 Pennsylvanische Lucine, Lucina pensylvanica (L.). 5 cm Durchmesser. Rosafarbene Außenhaut. Feine konzentrische Rippen. Starke Vertiefung des radialen Wirbels am hinteren Teil. Karibische See.

202

200 a

200 b   201

190 Dicke Mondmuschel, Phacoides pectinatus (Gmelin). Etwas größer. Vertiefung am hinteren Teil. Gelborange, mit breiten konzentrischen Rillen. Karibische See.

191 Tiger-Lucine, Lucina tigerina (L.). 7 bis 12 cm. Schmutzigrosagrau; mit feinem Gittermuster gezeichnet. Indopazifik.

192 Punktierte Lucine, Codakia punctata (L.). 7 bis 9 cm. Rosa oder weiß; mit flachen Rippen und breiten Furchen. Indopazifik.

193 Konzentrische Lucine, Dosinia concentrica (Born.). 6 bis 9 cm. Diskusförmige weiße Schale, mit feinen Linien. Karibische See.

Familie der Trapezmuscheln (Carditidae)

Gleiche Schließmuskeleindrücke; keine Mantelbucht; gleichklappige, herzförmige Schalen, mit Nebenzähnen.

194 Gestrecktes Trapez, Cardium enodi (Sowerby). Höhe 9 cm. Längliche Form, mit etwa vierzig flachen, schuppigen Rippen. Japan.

195 Robustes Trapez, Cardium robustum (Sol.). Wunderschöne Art mit einem Durchmesser von 10 bis 12 cm. Schale dickwandig und violettrosa. Mexiko.

196 Engelsflügel, Cardium costatum (L.). 10 cm. Mit breiten, kielförmigen Rippen. Westafrika.

197 Halbes Herz, Hemicardium cardissa (L.). 4 cm. Mit einem starken Rückenkiel, der die Schale in zwei gleiche Dreiecke unterteilt. Im Profil betrachtet, wirkt die Muschel herzförmig, und jede Schalenklappe sieht wie ein halbes Herz aus. Indischer Ozean.

198 Zerbrechliche Herzmuschel, Cardium fragum (L.). 2 cm. Asymmetrische, stark kielförmige Schale. Hintere Seite abgestumpft; Vorderseite abgerundet. Sehr häufig in Polynesien, wo sie zu Tausenden zur Herstellung von Halsketten geerntet werden.

Familie der Hufmuscheln (Chamidae)

Gleiche Schließmuskeleindrücke. Keine Mantelbucht. Ungleiche, dicke Klappen.

199 Lazarusklapper, Chama lazarus (L.). 7 bis 10 cm. Die Schalenklappen sind sehr ungleich und mit blattartigen Plättchen versehen. Diese Muscheln ähneln deshalb den Klappermuscheln, doch schließt eine Prüfung der Zähne und des Scharniers jede Verwechslung aus. Indopazifik.

Familie der Riesenmuscheln (Tridacnidae)

Die Riesenmuscheln, auch «Weihwasserbecken» genannt, sind die größten Muscheln der Welt.

200 Mördermuschel, Tridacna maxima (Röd.). Diese Art kann 1 m überschreiten. Die größten Schalenklappen werden als Weihwasserbecken verwendet. Ein berühmtes Beispiel dafür ist das Becken der Kirche Saint-Sulpice in Paris, das die Republik Venedig König Franz I. schenkte. Diese Mollusken sind in Korallenriffen sehr häufig; ihr blau

211

212

204

207

206

205

203

208

209

210

irisierender Mantel ist von erstaunlicher Schönheit. Die Riesenmuscheln sind eßbar und werden in Polynesien viel geerntet. Die großen Schalenklappen dienen zum Sammeln des Regenwassers. In einigen Atolls häufen sie sich derart, daß sie regelrechte Küstenstreifen bilden. Man beachte das ovale Fenster am hinteren Teil der Schale und die schöne rosa Färbung der Variante von den Tuamotu-Inseln (200 a).

201 Pferdehufmuschel, Hippopus hippopus (L.). Viereckige Schale; unregelmäßige, kantige braungefleckte Rippen. Vollständig geschlossene Schale. Japan.

Familie der Venusmuscheln (Veneridae)

Gleiche Schließmuskeleindrücke. Mantelbucht. Regelmäßige Schalen, mit drei divergenten Zähnen unter dem Wirbel.

202 Vielrippige Venusmuschel, Venus multicosta (Sow.). 15 cm. Sieht wie eine große warzige Venusmuschel aus. Leicht an ihrer Größe und an den knotigen, konzentrischen Rippen am vorderen und hinteren Teil der Klappen zu erkennen. Kalifornien.

203 Königliche Venus, Venus paphia (L.). 4 cm. Cremeweiß, mit braunen Flecken. Hat ein Dutzend dicker, konzentrischer Rippen, die sich zu den Enden hin verjüngen. Karibische See und Westindien.

204 Königskamm-Venus, Venus pitar dione (L.). Sofort zu erkennen an den mehr oder weniger langen Dornen, mit denen der hintere Teil der Klappen bestückt ist. Karibische See.

205 Knotige Venus, Venus gibbia (Lmk.). 4 cm. Mit etwa fünfzehn radialen Rippen, die kleine Knötchen tragen. Indopazifik.

206 Japanische Venus, Lioconcha castrensis (L.). 4 cm. Zu erkennen an ihrer japanischen Schriftzeichen ähnlichen Zeichnung. Japan.

207 Riesenvenus, Callista gigantea (Chemnitz). 15 cm lang. Sehr gestreckte Form. Glatte Schale, mit kaum sichtbaren Wachstumsrillen; mit feiner, seidiger Außenhaut bedeckt. Golf von Mexiko.

208 Bedruckte Teppichmuschel, Tapes litteratus (L.). 7 cm. Große Teppichmuschel des Indopazifiks. Bemerkenswert wegen ihrer braunen, Buchstaben ähnelnden Zeichen und ihrer konzentrischen gelben Rillen.

Familie der Dreiecksmuscheln (Donacidae)

Gleiche Schließmuskeleindrücke; Mantelbucht; glänzende Schalen, vorderer Teil kürzer als der hintere.

209 Südafrikanische Dreiecksmuschel, Donax serra (Gmelin). 7 cm. Gelblich; innen violett. Oberfläche fast glatt, mit kaum sichtbaren radialen und konzentrischen Rillen, mit Ausnahme des hinteren, stark abgestumpften Teils, wo hervorstehende, konzentrische Falten zu erkennen sind. Südafrika.

210 Gestreifte Koffermuschel, Donax striatus (L.). 4 cm. Feine radiale Rillen, von breiten konzentrischen Rillen gekreuzt. Unterer Rand innen gezähnelt. Karibische See.

Familie der Trogmuscheln (Mactridae)
Gleiche Schließmuskeleindrücke. Mantelbucht. Inwendiges Ligament mit Bandgrube, die sich in der «Löffelschale» befindet.

211 Gestreifte Trogmuschel, Mactra striatella (Lmk.). 10 cm. Große Art mit seidiger Außenhaut. Sehr feine konzentrische Rillen. Creme-weiße Schale. Senegal.

212 Geflügelte Trogmuschel, Mactra alata (Spengler). 8 cm. Hinterer Teil flügelartig verlängert. Weiße Schale mit seidiger Außenhaut. Karibische See.

Familie der Tellmuscheln (Tellinidae)
Gleiche Schließmuskeleindrücke. Mantelbucht. Dünne, zerbrechliche Schalen. Innenrand der Klappen jedoch ungekerbt. Sie leben im Sand oder Schlick. Wegen ihrer zarten Farben bei den Sammlern begehrt.

213 Strahlige Tellmuschel, Tellina radiata (L.). 7 bis 10 cm. Wunder-schöne Art mit intensiv rosa Strahlen. Der Schimmer der Schale erinnert an die Farben eines Sonnenaufgangs. Florida und Westindien.

214 Jungfräuliche Tellmuschel, Tellina virgata (L.). 6 cm. Feine, konzentrische Rillen; ungleiche rosa Strahlen. Indopazifik.

215 Listers Tellmuschel, Tellina listeri (Röding). 7 cm. Gelblich, mit braunen Flecken. Gut sichtbare konzentrische Rillen. Hinterer Teil ver-längert und unvermittelt abgestumpft. Karibische See.

216 Blutige Tellmuschel, Tellina perieri (Bertin). 5 cm. Färbung intensiv rosa. Hinterer Teil flügelartig verlängert. Japan.

217 Rosenblatt-Tellmuschel, Tellina lineata (Turton). 4 cm. Die Klappen sind außen in einem diffusen Rosa zart getönt, innen intensiv rosa. Feine, konzentrische Rillen. Florida und Westindien.

218 Gedrungene Plattmuschel, Macoma constricta (Bruguière). 8 cm. Die Form ist runder als die der anderen Tellmuscheln. Hinten stark zusammengezogen. Feine weiße, konzentrische Rillen. Außenhaut seidig glänzend. Karibische See.

Familie der Wurmmuscheln (Teredinidae)
Die Arten dieser Familie bohren sich in Holz oder Schlick hinein und scheiden dabei eine Kalkröhre ab. Die Schalenklappen sind klein und zerbrechlich; sie bedecken nur das vordere Ende des Tierkörpers.

219 Brausewurm, Aspergillum javanum (L.). Auf der Abbildung kann man erkennen, daß die Kalkröhre an ihrem geschlossenen Ende wie der Brausekopf einer Gießkanne durchlöchert ist. Indopazifik.

Familie der Miesmuscheln (Mytilidae)
Schließmuskeleindrücke ungleich. Schalenklappen gleich, bauchig. Inneneiten perlmuttern. Die exotischen Miesmuscheln ähneln in der Form den europäischen, sind jedoch häufig größer.

220 Japanische Riesenmiesmuschel, Mytilus grayanus (Dunker). 15 cm. Dicke Schalenklappen. Innen grün irisierend.

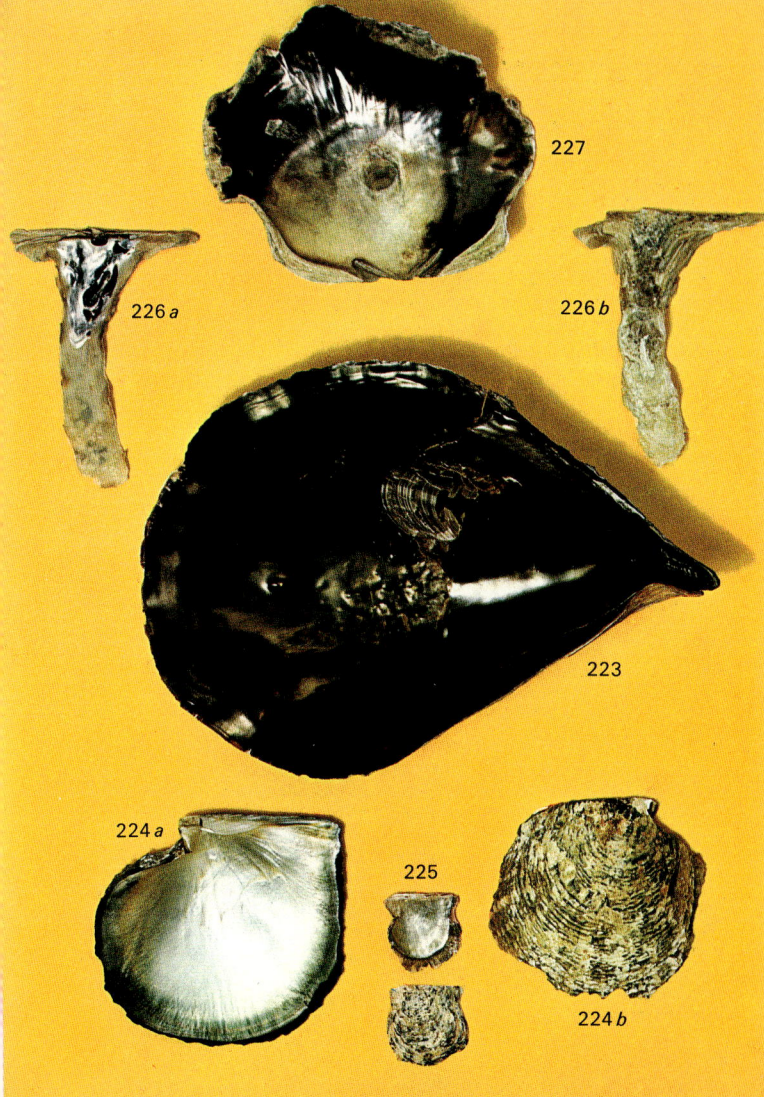

227

226 a

226 b

223

224 a

225

224 b

221 Goldene Nabenmuschel, Modiola aurata (Gould). Die Nabenmuscheln haben eine ähnliche Form wie die Miesmuscheln, mit mehr oder weniger langen Fasern bedeckt.

222 Dicke Meerdattel, Lithodoma corrugatus (Lmk.). Die Lithodomen, «Meerdatteln» genannt, bohren sich in Steine hinein.

Familie der Steckmuscheln (Pinnidae)

Große, dünne und zerbrechliche Schalen. Der hintere Muskel ist eßbar.

223 Schwarze Schinkenmuschel, Atrina vexillum (Born.). 30 cm und größer. Wunderschöne schwarze Art; eßbar. Japan, Indopazifik.

Familie der Vogelmuscheln (Pteriidae)

Ungleiche Schalenklappen; ungleiche Schließmuskeleindrücke; Ohren in der Nähe des Scharniers. Sie haben einen Fuß und Byssusfäden, woran man diese Familie von der Austernfamilie, besonders die Echte Seeperlmuschel (oder Meleagrina), von den eßbaren Austern unterscheiden kann.

224 Echte Seeperlmuschel, Pinctada margaritifera (L.). Kann bis zu 30 cm groß werden. Nur das linke Ohr ist gut entwickelt. Diese Art wird hauptsächlich wegen ihrer perlmutternen Klappen geerntet, die tonnenweise zur Herstellung von Knöpfen verkauft werden. Japan, Indopazifik.

225 Pinctada martensi (Dunker). Unterscheidet sich von der vorigen Art durch ihre beiden gut entwickelten Ohren sowie ihre kleineren Ausmaße. Japan. Diese beiden Arten produzieren Naturperlen.

Der Japaner Mikimoto entwickelte um 1912 ein Verfahren zur Bildung von Perlen in Meleagrinen: Man opfert eine Perlmuschel und umhüllt eine Perlmuttkugel mit einem Stück ihres Mantels. Das so gebildete Säckchen wird dann einer unversehrten Perlmuschel eingepflanzt, die dann wieder ins Wasser gelegt wird. Diese operierte Muschel reagiert wie ein von einem Parasiten befallenes Tier: Ihr Mantel scheidet um den Fremdkörper herum eine Perle ab, die man Zuchtperle nennt und die den Naturperlen absolut vergleichbar ist.

Familie der Hammeraustern (Isognomidae)

Die Hammeraustern sind seltsame Schalen, deren längliche Klappen und lange Scharniere ihnen ihre charakteristische T-Form verleihen.

226 Gemeine Hammerauster, Malleus malleus (L.). 10 bis 15 cm. Indopazifik.

Familie der Zwiebelmuscheln (Anomiidae)

Nur ein Schließmuskeleindruck; dünne Schalen; haften an anderen Muscheln.

227 Türkensattel, Placuna sella (Gmel.). Die untere rechte Schalenklappe nimmt die Form der Unterlage an, an der die Muschel haftet. Diese Schalenklappe weist ein Loch als Muskelausgang auf. Die linke Schalenklappe, deren Innenseite stark perlmuttern ist, ist geschlossen. Japan.

230

231

232

229

228

233

Familie der Austern (Ostreidae)

Die eßbaren Austern, in zahlreichen Arten vertreten, haben nur einen Schließmuskeleindruck, ungleiche Klappen, weder Fuß noch Byssusfäden. Sie dürfen nicht mit den Meleagrinen oder Perlmuscheln (Familie der Vogelmuscheln) verwechselt werden. Viele haben, wie unsere Europäische Auster, Ostrea edulis (L.), eine runde Schale. Einige Arten weisen längliche oder unregelmäßige Formen auf.

228 Handelsauster, Ostrea (Saxostrea) commercialis (Iredale und Ronghley). Runde Schale. Australien.

229 Gekerbte Auster, Ostrea frons (L.). Länglich, mit gezackten Rändern. Karibische See.

Familie der Klappermuscheln (Spondylidae)

Nur ein Schließmuskeleindruck; sehr ungleiche Klappen. Die Scharniere sind mit kräftigen Zähnen und einem starken inneren Ligament versehen. Die Oberfläche der Klappen ist mit langen Stacheln bestückt, die je nach der Art unterschiedlich gefärbt, geformt und angeordnet sind, weshalb sie bei den Sammlern sehr beliebt sind.

230 Igelklapper, Spondylus varians (Sow.). 15 bis 20 cm. Große, schwere Schale. Sehr ungleiche Klappen, mit langen dornigen Stacheln, die ihr das Aussehen eines Igels verleihen. Polynesien.

231 Mexiko-Klapper, Spondylus princeps (Brd.). 10 bis 15 cm. In verschiedenen Farben: weiß, gelb, orange oder rot. Lange, unregelmäßige und blattförmige Stacheln, die in radialen Rippen angeordnet sind. Mexiko, Panama.

232 Bärtige Klappermuschel, Spondylus barbatus (Reeve). 7 bis 10 cm. Violettbraun, mit kurzen Stacheln. Japan.

233 Blättrige Klappermuschel, Spondylus foliaceus (Chem.). Die Stacheln sind in radialen Linien angeordnet, die von dornenlosen feinen Linien unterbrochen werden. Pazifik.

Familie der Feilenmuscheln (Limidae)

Nur ein Schließmuskeleindruck; Schalenklappen gleich, mit nur schwach entwickelten Ohren.

234 Pazifische Feilenmuschel, Lima lima (L.). 7 bis 10 cm. Weiße Schale, mit schuppigen, radialen Linien gezeichnet. Pazifik.

Familie der Kammuscheln (Pectinidae)

Nur ein Schließmuskeleindruck. Schalen nicht perlmuttern, von regelmäßiger Form, strahlig gerippt, mit Ohren auf beiden Seiten des Scharniers. Gesucht wegen der Schönheit ihrer Farben.

235 Edle Kammuschel, Chlamys nobilis (Reeve). 10 bis 15 cm. Etwa zwanzig abgerundete, radiale Rippen, von denen die seitlichen schuppig sind. Ohren schuppig und unregelmäßig. Japan.

236 Totenhand, Chlamys swifti (Bernardi). 7 bis 12 cm. Fünf ausgeprägte Strahlrippen in Höhe jeder Wachstumslinie. Japan.

234

239

237

235 *a*

235 *b*

235 *c*

238

236

237 Mantelkamm, Chlamys pallium (L.). Etwa fünfzehn weißgefleckte, violettbraune Strahlrippen, von denen jede auf der ganzen Länge drei Reihen kurzer, dachziegelartig angeordneter Schuppen trägt. Das Innere der Klappen ist sehr schön orange und rosa getönt. Indopazifik.

238 Knotige Kammuschel, Pecten nodosus (L.). 7 bis 12 cm. Trägt sieben Strahlrippen mit dicken Knoten, die durch feine Linien voneinander getrennt sind. Vom Kap Hatteras bis Florida.

239 Japanische Fächermuschel, Amusium japonicum (Gmel.). 10 cm. Flache, glatte Schale; die obere Schalenklappe ist orange, die untere weiß. Kleine, gleiche Ohren.

Skaphopoden

Von ihnen ist nur eine Gattung, das **Dentalium** oder die **Elefantenzähne,** bekannt. Alle diese Muscheln sehen wie kleine ElefantenStoßzähne aus und haben eine an beiden Enden offene Schale.

Eine der größten Arten ist die folgende:

240 Großer Japanischer Elefantenzahn, Dentalium vernedei (Sow.). 12 cm. Gelblichweiß, mit feinen strahligen Linien. Japan.

Kephalopoden

241 Perlboot, Nautilus pompilius (L.). Ist bis heute der einzige bekannte Kopffüßer mit Außenschale. Es ist unmöglich, ihn mit einer Schnecke zu verwechseln: Schaut man in die Mündung hinein, bemerkt man im Hintergrund die Scheidewand, welche die Wohnkammer, in der sich das Tier aufhält, von den anderen, den sogenannten Luftkammern, trennt; letztere sind mit Sauerstoff gefüllt und dienen als Schwimmer.
In der Scheidewand sieht man auch ein kleines Loch; es ist dies die Öffnung für den Atemschlauch oder Siphon genannten Körperfortsatz, der sich durch alle Luftkammern hindurch bis zur Spitze der Schale erstreckt.
Das Perlboot kann man als «lebendes Fossil» betrachten. Man findet es hauptsächlich in Neukaledonien, den Philippinen und Japan, in Tiefen von 50 bis 60 m.

242 Australisches Posthörnchen, Spirula australis (L.). Diese Schale gehört zu einem kleinen Kopffüßer der südlichen Meere. Es handelt sich um ein kalkiges Bauch-Innengehäuse mit Scheidewänden zur Unterteilung der verschiedenen Kammern. Die Schalen sieht man zwar häufig; es ist jedoch schwer, das lebende Tier zu finden, das offenbar in großen Tiefen lebt.

243 Argonautenschiff, Argonauta argo (L.). Es ist dies keine Schale im eigentlichen Sinne, sondern eine Kalkgondel, die vom Weibchen abgesondert wird und in die es seine Eier legt.

241

243

242

240

Register der lateinischen Namen